Et Vecy dequoy ie me ris
Et dont ie me riray tousiours
Car de tous mes maulx et perilz
Elle me bailla deux fins tours
Et me dist sans plus de seiours
Pour toute resolution
Que son mary dedans huit iours
Sen alloit en commission
Ainsi iauray occasion
Daller a lhostel a mon aise
A dieu ma dame/or a dieu don
Dist elle/mais ne vous desplaise
Elle est assez fine et mauuaise
Denquerir se ien ay rien dict
Pourtãt ie vous pry quil vous plaise
Den dissimuler vng petit
Jen ay assez dit pour meshuyt
Et nen diray plus meshouen
Tabourin a mon appetit
Viansse le petit rouen

Cy finissent les droitz nouueaulx Auec le debat des dames/et des armes. Imprime nouuellement a paris Par la vefue feu iehã trepperel Demourãt en la rue neufue nostre dame. A lenseigne de lescu de france. 1499

e
grant teſtament vil lon/ ⁊ le petit. Son codicille. Le iargon Et ſes balades.

Cy cōmence le grant codicille
et testamēt maistre frācois villō

En lan de mon trentiesme aage
Que toutes mes hontes ieuz beues
Ne du tout fol encor ne saige
Non obstant maintes peines eues
Lesquelles iay toutes receues
Soubz la main thibault danssigny
Se euesque il est seignant les rues
Qui soit le mien ie le regny

Mon seigneur nest ne mō euesque
Soubz lui ne tiens sil nest en friche
Foy ne lui doibs hōmage auecque
Je ne suis son cerf ne sa bische
Peu ma dune petite miche
Et de froide eaue tout vng este
Large ou estroit moult me fut riche
Tel lui soit dieu quil ma este

Et saucun me vouloit reprendre
Et dire que ie le mauldis
Non fais se bien le scet entendre
En rien de lui ie ne mesdis
Voicy tout le mal que ien dis
Sil ma este misericors

Jhesus le roy de paradis
Tel lui soit a lame et au corps

Sil ma este dur et cruel
Trop que cy ne le racompte
Je vueil que le dieu eternel
Luy soit donc semblable a ce compte
Et leglise nous dit et compte
Que prions pour noz ennemis
Je vous diray iay tort et honte
Tous ses faiz soient a dieu remis

Si prieray dieu de bon cueur
Pour lame du bon feu cotart
Mais quoy ce sera donc par cueur
Car de lire ie suis fetart
Priere feray de picard
Sil ne le scet voise lapprendre
Sil men croit ains quil soit pl9 tard
A douay ou a lisle en flandre

Combien sil veult que lemprie
Pour lui foy que doy mon baptesme
Obstant qua chascun ie le crie
Il ne fauldra pas a son esme
Au psaultier pres quãt suis a mesme
Que nest de boeuf ne cordouen

Le verset escript le septiesme
De psaulme te deus laudem

Si prie au benoist filz de dieu
Que a to⁹ mes besoings ie reclame
Que ma poure ame ait lieu
Vers lui de qui tiens corps et ame
Qui ma preserue de maint blasme
Et franchy de ville puissance
Loue soit il et nostre dame
Et loys le bon roy de france

Auquel doint dieu lceur de iacob
Et de salomon lonneur et gloire
Quant de prouesse il en a trop
De force aussi:par mame voire
En ce monde cy transitoire
Tant quil a de long et de le
Affin que de lui soit memoire
Viure autant que mathussale

Et douze beaulx enfans to⁹ masles
Voire de son treschier sang royal
Aussi preux que fut le grant charles
Conceuz en ventre nupcial
Tous comme fut sainct marcial
Ainsi en prengne au bon daulphin

Je ne luy souhaite aultre mal
Et puis paradis a la fin

Pource que foible ie me sens
Trop plus de biens que de sante
Tant que ie suis en mon plain sens
Si peu que dieu men a preste
Car daultre ne lay emprunte
Jay ce testament tres estable
Fait de derniere voulente
Seul pour tout et inreuocable

Escript lay lan soixante et vng
Que le bon roy me deliura
De la dure prison de mehun
Et que vie me recouura
Dont suis tant que mon cueur viura
Tenu vers luy humilier
Et que feray tant quil mourra
Bien fait ne se doibt oublier

Or est vray q̃ apres plains et pleurs
Et angoisseux gemissemens
Apres tristesses et douleurs
Labeurs et griefz cheminemens
Trauaille mes lubres sentemens
Aguises rons comme pelote

Monstrent plus que les commans
En sens moral que aristote

Cõbien au plus fort de mes maulx
En cheuauchant sans croix ne pille
Dieu qui les pellerins de maulx
Conforta ce dit leuangille
Me monstra vne bonne ville
Et pourtant du don desperance
Combien que le pecheur soit ville
Rien ne hait que perseuerance

Je suis pecheur ie le scay bien
Pourtant ne veult pas dieu ma mort
Mais conuertisse et viue en bien
Et tout aultre que peche mord
Combien que en peche soie mort
Dieu vit et sa misericorde
Et se conscience me remort
Par sa grace pardon maccorde

Et comme le noble rommant
De la rose dit et confesse
En son premier commencement
Quon doibt ieune cueur en ieunesse
Quant on le voit vieil en vieillesse
Excuser: helas il dit voir

Ceulx qui donc me font tel opresse
En meurete ne me vouldroient veoir

Si pour ma mort le bien publique
Daucune chose vaulsist mieulx
A mourir comme vng homme inique
Je me iugeasse ainsi maist dieux
Grief ne faiz a ieusne ne vieulx
Soient sur piedz ou soient en biere
Les mons ne bougent de leurs lieux
Pour vng poure nauant narriere

Au temps que alixandre regna
Vng homme nomme dyomedes
Deuant lui on lui amena
Engrilonne poulces et des
Comme vng larron: car il fut des
Escumeurs que voyons courir
Si fut mis deuant les cades
Pour estre iugie a mourir

Lempereur si luraisonna
Pour quoy es tu larron de mer
Lautre responce lui donna
Pour quoy larron me faiz nommer
Pource quon me voit escumer
En vne petiotte fuste

Si comme toy me peusse armer
Comme toy empereur ie fusse

Mais que veulx tu de ma fortune
Contre qui ne puis bonnement
Qui si durement me fortune
Me vient tout ce gouuernement
Excuse moy aucunement
Et scaches que en grant pourete
Ce mot ce dit communement
Ne gist pas trop grant loyaulte

Quant lempereur eust remire
De dyomedes tout le dit
Ta fortune ie te mueray
Mauluaise en bonne: ce lui dit
Si fist il/oncques puis ne mesdit
A personne: mais fut vray homme
Valere pour vray le rescript
Qui fut nomme le grant a romme

Se dieu meust donne racompter
Vng aultre piteux alixandre
Qui meust fait en bon eur entrer
Et lors qui meust veu condescendre
A mal estre ars et mis en cendre
Jugie me fusse de ma voix

Necessite fait gens mesprendre
Et fain saillir le loup du bois

Je plains le temps de ma ieunesse
Au quel iay plus quautre galle
Jusques a lentree de vieilesse
Qui son partement ma cele
Il ne sen est a pied alle
Ne a cheual: las comment donc
Soudainement sen est volle
Et ne ma laisse quelque don

Alle sen est et ie demeure
Poure de sens et de scauoir
Triste failly plus noir que meure
Je nay ne cens rente ne auoir
Des miens le moindre ie ditz voir
De me desauouer sauance
Sens et naturel debuoir
Par faulte dung pou de cheuance.

Si ne crains auoir despendu
Par frlander ne par lescher
Par trop aymer nay rien vendu
Que amis me sceussent reprouchet
Au moins qui leur couste trop cher
Je le ditz et ne crains mesdire

De ce ie me puis reuencher
Qui na meffait ne le doibt dire

Bien est voir que iay ayme
Et aymeroie voulentiers
Mais triste cueur ventre affame
Qui nest rassasie au tiers
Me oste des amoureux sentiers
Au fort quelqun sen recompense
Qui est remply sur les chantiers
Car de la pance vient la dance

He dieu se ieusse estudie
Au temps de ma ieunesse folle
Et a bonnes meurs dedie
Jeusse maison et couche molle
Mais quoy ie fuyoie lescolle
Comme fait le mauluais enfant
En escripuant ceste parolle
A pou que le cueur ne me fend

Le dit du saige tres beaulx ditz
Fauorable et bien en puis mais
Qui dit esiouys toy mon filz
Et en ton adolescence metz
Ailleurs sert bien dung aultre mes
Car ieunesse et adolescence

Cest son parler ne moins ne metz
Ne sont quabus et ignorance

Mes iours sen sont alles errant
Com le bon ios dune touaille
Sont les filletz dung tisserant
Et en son point ardente paille
Lors sil ya nul bout qui faille
Soubdainement il le rauist
Si ne crains plus que riē massaille
Car a la mort tout sassouuist

Ou sont les gracieux gallans
Que ie supuoie au temps iadis
Si bien parlans si bien chantans
Si plaisans en fais et en dictz
Les aucuns sont mors et roidis
Deulx nest il plus rien maintenant
Repos ayent ilz en paradis
Et dieu saulue le demourant

Et les aultres sont deuenus
dieu mercy grās seigneurs & maistres
Les aultres mendient tous nudz
Et pain ne voient que aux fenestres
Les aultres sont entres en cloistres
De celestins et chartreux

Bottez housez cõ pescheurs doistres
Voies lestat divers dentre eulx

aux grãs maistres dieu doit biẽ faire
Vivans en paix et en requoy
En eulx il nya que refaire
Si sen fait bon taire tout coy
Mais aux aultres qui nont de quoy
Comme moy dieu doint pascience
Aux aultres ne fault qui ne quoy
Car asses ont pain et pitance

Bons vins souvent en broches
Saulces brouetz et gras poissons
Tartres flans oeufz fritz et poches
Perdris et en toutes saisons
Pas ne resemblent les macons
Que servir fault a si grãt peine
Ilz ne veullent nulz eschancons
De soy verser chascun se peine

En cest incident me suis mis
Qui de rien ne sert a mon faict
Je ne suis iuge ne commis
Pour pugnir nassouldre meffaict
De tous suis le plus imparfaict
Loue soit le doulx ihesucrist

Que par moy leur soit satisffait
Ce qui est escript est escript

Laissons le monstier ou il est
Parlons de chose plus plaisante
Ceste matiere a tous ne plaist
Ennuyeuse est et desplaisante
Pourete chagrine dolante
Tousiours despite et rebelle
Dit quelque parolle cuisante
Selle nose si le pense elle

Poure ie suis de ma ieunesse
De poure et de petite extrace
Mon pere neust oncq grant richesse
Ne son ayeul nomme erace
Pourete tous nous suit et trace
Sur les tõbeaulx de mes ancestres
Les ames desquelz dieu embrasse
On ny voit couronne ne ceptres

De pourete me guermentant
Souuentesfois me dit le cueur
Homme ne te doulouse tant
Et ne demaine tel douleur
Si tu nas tant queust iacques cueur
Mieulx vault viure soubz gros bar-
(reaulx

Poure quauoir este seigneur
Et pourry soubz riches tombeaulx

Quauoir este seigneur que dis
Seigneur lasse ne lest il mais
Selon les antiques ditz
Son lieu ne congnoistra iamais
Quant du surplus ie men demetz
Il nappartient a moy pecheur
Aux theologiens le remetz
Car cest office de prescheur

Si me suis bien considere
Filz dange portant dyademe
De telle ne aultre sydere
Mon pere est mort dieu en ait lame
Quât est du corps il gist soubz lame
Jentens que ma mere mourra
Elle scet bien la poure femme
Et le filz pas ne demourra

Je congnois que poures et riches
Saiges et folz prestres et laiz
Nobles villains larges et chiches
Petis et grans et beaulx et laitz
Dames a rebrasses colletz
De quelconque condicion

Portans atours et bourreletz
Mort saisit sans exception

Et mourut paris et helaine
Quiconques meurt cest a douleur
Cellui qui pert vent et alaine
Son fiel se crieve sur son cueur
Puis sue: dieu scet quelle sueur
Et nest qui de ses maulx lallege
Car enfant na frere ne seur
Qui lors voulsist estre son plaige

La mort le fait fremir pallir
Le nez courbe: les veines tendre
Le col enfler: la chair mollir
Ioinctes et nerfz croistre et estendre
Corps feminin qui tant est tendre
Polly souef si gracieux
Fauldra il a ces maulx entendre:
Ouy ou tout vif aller es cieulx

Ballade.

Dictes moy ou ne en quel pays
Est flora la belle rommaine
Archipiada ne thays
Qui fut sa cousine germaine
Echo parlant quant bruit on maine
Dessus riviere ou sus estang

Qui beaulte eust trop pl' q̄ humaine
Mais ou sont les neiges dentan

Ou est le tressaige helloys
Pour qui fut chastre et puis moyne
Pierre esbaillart a sainct denis
Pour son auoir eust ceste essoine
Semblablement ou est la royne
Qui commanda que buridan
Fust gette en vng sac en saine
Mais ou sont les neiges dentan

La royne blanche comme vng lys
Qui chantoit a voix de seraine
Berte aux grās piedz/bietris/alis
Harenbouges qui tint le maine
Et iehanne la bonne lorraine
Que angloys brusleret a rouen
Ou sont ilz vierge souueraine
Mais ou sont les neiges dentan

Prince nenquerez de sepmaine
Ou ilz sont ne de cest an
Que a ce refrain ne vous remaine
Mais ou sont les neiges dentan

¶Aultre ballade

Qui plus est le tiers calixte

Dernier de cede de ce nom
Qui quattre ans tint le papaliste
Alphonce le roy darragon
Le gracieux duc de bourbon
Et artus le duc de bretaigne
Et charles septiesme le bon
Mais ou est le preux charlemaigne

Semblablement le roy scotice
Qui demy face et ce dit on
Vermeille comme une esmastice
Depuis le front iusques au menton
Le roy de cippre de renom
Helas et le bon roy despaigne
Du quel ie ne scay pas le nom
Mais ou est le preux charlemaigne

Den plus parler ie men desiste
Ce monde nest que abusion
Il nest qui contre mort resiste
Ne qui treuue prouision
Encores fais une question
Lancelot le roy de behaine
Ou est il: ou est son taion
Mais ou est le preux charlemaigne

Ou est claquin le bon breton

Ou est le cõte daulphin dauuergne
Et le bon feu duc dalencon
Mais ou est le preux charlemaigne

Aultre ballade

Car ou soit ly sainctz apostolles
Daubes vestus demy tressez
Qui ne ceingt fors sainctes estolles
Dont par col prent ly mauffez
De mal tallent tout eschauffez
Aussi bien meurt filz que seruans
De ceste vie suis bouffez
Autant en emporte ly vens

Voire ou soit de cõstãtinobles
Lemperiere au point dorez
Ou de france le roy tresnobles
Sur tous aultres roys decorez
Qui pour lui grans dieux adorez
Bastist eglises et couuens
Se en son temps il fut hounourez
Au tant en emporte ly vens

Ou sont de vienne et de grenobles
Ly daulphin ly preux ly senez
Ou de dijon sallins et dolles
Ly sires et ly filz ainsnez
Ou autant de leurs gens priuez

Herauls trompettes poursuiuans
Ont ilz bien boute soubz le nez
Autant en emporte ly vens

Prince a mort sont destinez
Et nous aultres qui sont viuans
Silz sont courrouces ou attenez
Autant en emporte ly vens

Puis que papes roys filz de roys
Et conceuz en ventres de roynes
Sont enseueliz mors et frois
En aultruy mains passēt les regnes
Moy poure mercier de rennes
Mourray ie pas; ouy se dieu plaist
Mais que iaye fait mes estraines
Honneste mort ne me desplaist

Le monde nest perpetuel
Quoy que pense riche pillart
Tous sōmes soubz mortel coustel
Et confort prent poure viellart
Lequel destre plaisant raillart
Eust le bruit lors que ieusne estoit
On tiendroit a fol et paillart
Se vieillart a railler se mettoit

Or fut contraint il mendier
Car a ce force le contraint
Requiert huy sa mort et hier
Tristesse son cueur si estraint
Se souuent nestoit dieu craint
Il feroit vng horrible fait
Or sil aduient quen ce dieu enfraint
Et que luymesmes se deffait

Car si en ieunesse il fut plaisant
Ores plus rien ne dit qui plaise
Tousiours viel cinge est desplaisant
Chose ne fait que ne desplaise
Sil se taist affin quil complaise
Il est tenu pour fol receu
Si parle on dit quil se taise
Et quen son prunier na pas creu

Ci ses poures femelettes
Qui vieiles sont et nont dequoy
Quant ilz voient ces pucellettes
En admenez et a requoy
Ilz demandent ha dieu pourquoy
Si tost nequiserent ne a quel droit
Tout le monde sen taist tout coy
Car au tencer on le perdroit

b.iii.

Comment Villon voit a son aduis
La belle heaulmiere soy cõplaignãt

Aduis mest que ioy regreter
La belle qui fut heaulmiere
Soy ieusne fille souhaiter
Et parler en ceste maniere
Ha vieillesse felonne et fiere
Pourquoy mas si tost abbatue
Qui me tiẽt qui que ne me fiere
Et que a ce coup ie ne me tue

La vieillesse en regretant le tẽps de sa ieunesse.

Tollu mas la haulte franchise
Que beaulte mauoit ordonne
Sur clers marchans et gens desglise
Car lorsil nestoit homme ne
Que tout le sien ne meust donne
Quoy quil en fust des repentailles
Mais que lui eusses abandonne
Ce que refusent truandailles

A maint homme lay refuse
Qui nestoit a moy grant saigesse
Pour lamour dung garson ruse
Auquel lien fais grande largesse

Or ne me faisoit que rudesse
Et par mame ie lamoye bien
Et a qui que feisse finesse
Il ne maymoit que pour le mien
Or ne me sceut tant detrainer
Fouller aux piedz que ne laymasse
Et meust il fait les rains trainner
Sil me dist que ie le baisasse
Et que tous mes maulx oubliasse
Le glouton de mal entechie
Mẽbrassoit ien suis bien plus grasse
Que me reste il honte et pechie

Or est il mort passe a trente ans
Et ie remains vieille chenue
Quant ie pense las au bon temps
Et que me regarde toute nue
Quelle suis ie deuenue
Et ie me vois si tres changee
Poure/seicee/maigre/menue
Je suis presque toute entagee

Quest deuenu ce fronc polly
ces cheueux blõs ces cheueux voultis
Grant entre oeul et regard ioly
Dont prenoie les plus soubtilz
Le beau nez ne grant ne petit

Ses petites ioinctes oreilles
Menton fourchu:cler vis traictis
Et ses belles leures vermeilles

Ses gentes espaules menues
Ses bras lõgs & ses mais traictisses
Petis tetins blanches charnues
Esleuees propres et faictisses
A tenir amoureuses lisses
Ses larges rains:le sadinet
Assis sur grosses fermes cuisses.
Dedens son ioly iardinet

Le front ride:les cheueux gris
Les sourcilz cheulx:les yeulx estais
Qui faisoient regars et ris
Dont mais meschans furent attais
Nez courbe de beaulte loingtains
Oreilles pendantes moussues
Le vis pally mort et destains
Menton fonce leures peaussues

Cest dhumaine beaulte lissue
Les bras cours & les mais cõtraites
Des espaulles toutes bossues
Mamelles quoy toutes retraictes
Telles les hanches que les tettes

Du sadinet fy quant des cuisses
Cuisses ne sont plus mais cuisettes
Griuellees comme saulcisses

Ainsi le bon temps regrettons
Entre nous poures vieilles sottes
Assises bas a crouppetons
Tout en vng tas comme pelottes
A petit feu de chaneuottes
Tost allumees tost estainctes
Et iadis fusmes si mignottes
Ainsi en prent a maint et maintes

Aultre ballade

Or ny pense plus belle gautiere
Qui mon escoliere soulois estre
Et vous blanche la sauetiere
Or est il temps de voꝰ congnoistre
Prenes a destre et a senestre
Nespargnies homme ie vous prie
Car vieilles nont ne cours ne estre
Ne que monnoye quon descrie

Et vous la gente saulcissiere
Qui de dancer estes a dextre
Guillemette la tapissiere
Ne mesprenes vers vostre maistre
Tost vous fauldra clorre frenestre

Quant deuiendres vieille flestrie
Plus ne seruires q̄ vng vieil prestre
Ne que monnoye quon descrie

Jehanneton la chapperonniere
Gardes que ennuy ne vous empestre
Katherine la bouchiere
Nenuoyes plus les hommes pestre
Car qui belle nest ne peust estre
Leur malle grace mais leur rie
Laide vieillesse amour empestre
Ne que monnoye quon descrie

Fille vueillies vous entremettre
Descouter pourquoy pleure et crie
Pource que ie ne puis mettre
Ne que monnoye descriee

Ceste lecon icy leur baille
La belle et bonne de iadis
Bien dit ou mal vaille que vaille
En grans regretz iay fait ces ditz
Par mon clerc fremin lestourdis
Aussi rassis comme pense estre
Sil me desment ie le mauldis
Selon le clerc est deu le maistre

Si appercoy le grant dangier
Du homme amoureux se boute
Et qui me vouldroit le dangier
De ce mot en disant escoute
Le damer testrages et reboute
Le barat de celles nommees
Tu fais bien vne folle doubte
Car ce sont femmes diffamees

Silz nayment fors que pour largent
On ne les ayme que pour leure
Rondement ayment toute gent
Et rient lors quant bource pleure
De celles cy on en recoeuure
Mais en femme dhonneur et nom
Franc hõme se dieu me secure
Se doibt emploier la : ailleurs non

Je prens que aucunes dient cecy
Si ne me contente il en rien
En effait ie conclus ainsi
Et ie le cuide entendre bien
Quon doibt aymer en lieu de bien
Assauoir moult se ses fillettes
Quen parolles toute iour tien
Ne furent ilz femmes honnestes

Honnestes: si furent vrayement
Sans auoir reprouche ne blasmes
Si est vray que au commencement
Vne chascune de ses femmes
Lors prindrent ains q̃ eussent diffames
Lune .i. clerc vng lay lautre .i. moyne
Pour estaindre damours les flames
Plus chaudes q̃ feu saint anthoine

Or firent selon ce decret
Leurs amis et bien appert
Ilz aymoient en lieu secret
Car autre deulx ny auoit part
Toutesfois ceste amour se part
Car celle qui nen auoit que vng
Dicelluy sesloingne et deppart
Et ayme mieulx aymer chascun

Qui les veult a ce ie ymagine
Sans lonneur des dames blasmer
Que cest nature feminine
Que tous viuans veullent aymer
Aultre chose ny fault rimer
Fors quon dit a rains et a trois
Voire a lisle et sainct omer
Que six ouuriers font plus q̃ trois

Or ont les folz amans le bont
Et les dames prins la bollee
Cest le droict loyer quamours ont
Toutesfois y est biollee
Quelque doulx baiser naccollee
De chiēs doiseaulx darmes damours
Chascun le dit a la bollee
Pour bng plaisir mille doulours

Trepple ballade

Pource aimes tāt q̄ bo⁹ bouldres
Suyues assembles es festes
En la fin ia mieulx nen bauldres
Et ny romperes que boz testes
Folles amours font les gens bestes
Salomon en ydolatria
Sanson en perdit ses lunettes
Bien eureux est qui rien ny a

Orpheus le doulx menestrer
Jouant de fleustes et musettes
En fut en dangier de murtrier
Cchien cherberus a quattre testes
Et narcisus le bel honnestes
En bng parfond puis se noya
Pour lamour de ses amourettes
Bien eureux est qui rien ny a

Sardina le preux chevalier
Qui conquist le regne de crethes
En voult devenir monillier
Et filler entre pucellettes
David le roy saiges prophetes
Crainte de dieu en oublia
Voians laver cuisses bien faictes
Bien eureux est qui rien ny a

Amon en voult deshounourer
Faingnant de menger tartelettes
Sa soeur thamar: et defflourer
Qui feist incestes deshonnestes
Herodes (pas ne sont sornettes)
Sainct iehan baptiste en decolla
Pour dances saulx et châsonnettes
Bien eureux est qui rien ny a

De moy poure ie vueil parler
Jen fuz batu côme a ru telles
Tout nud: ie ne le quiers celler
Qui me feist mascher ces groselles
Fors katherine de vauselles
Noe le tiers est qui fut la
Mittaines a ces nopces telles
Bien eureux est qui rien ny a

Mais que ce ieusne bachellier
Laissast ces ieusnes bachelettes
Non et le deust on vif brusler
Cõe ung cheuaucheur descouuettes
Plus doulces lui sont que sinettes
Mais toutesfois fol si fia
Soient blanches soient brunettes
Bien eureux est qui rien ny a

Si celle que iadis seruoie
De si bon cueur et loyaulment
Dont tant de maulx et griefz iauoie
Et souffroie tant de torment
Se dist meust au commencement
Sa voulente: mais nenny las
Ieusse mis peine certainement
De moy retraire de ses las

Quoy que lui voulsisse dire
Elle estoit preste descouter
Sans maccorder ne contredire
Qui plus est souffroit escouter
Ioingnant delle pres saccouter
Et ainsi malloit amusant
Et me souffroit tout raconter
Mais ce nestoit que en mabusant

Abuse ma et fait entendre
tousiours dung q̃ ce fust vng aultre
De farine que ce fust cendre
Dũg mortier vng chapeau de feutre
De viel machefer que fust peultre
Dembesars que ce fussent ternes
tousiours trõpeur aultruy engautre
Et rend vessies pour lanternes

Du ciel vne paelle darain
Des nues vne peau de veau
Du matin questoit le serain
Dung trõgnon de chou vng naueau
De orde seruoise vin nouueau
Dune truye vng moulin a vent
Et dune haye vng escheueau
Dung gros abbe vng poursuiuant

Ainsy mont amours abuse
Et pourmene de luys au pesle
Je croy que homme nest si ruse
Fust fin cõme argent de coepelle
Qui ny laissa linge drappelle
Mais quil fust ainsi manie
Cõme moy qui par tout mappelle
Lamant remis et regnie.

Je regnie amours et despite
Et deffie a feu et a sang
Mort par elle me precipite
Et ne leur en chault pas dung blanc
Ma vielle ay mis soubz le banc
Amant ne suiuray iamais
Se iadis ie fuis de leur tanc
Je desclaire que nen puis mais

Car iay mis le plumal au vent
Or le suiue qui a actente
De ce me tais doresenauant
Car poursuiure vueil mon entente
Et se aucun minterrogue ou tente
Comment damours iose mesdire
Ceste parolle les contente
Qui meurt a ses hoirs doit tout dire

Je congnois approcher ma soif
Je crache blanc comme couton
Jacobins gros comme vng oeuf
Quesse a dire quoy iehanneton
Plus ne me tiens pour vng valeton
Mais pour vng vieil ruse regnart
De vieil porte voix et le ton
Et ne suis que vng ieusne coquart

Dieu mercy et iaques thibault
Qui tant deaue froide ma fait boire
En vng bas lieu nō pas en vng hault
Menger dangoisse mainte poire
Enferre quant ien ay memoire
Je prie pour luy/et reliqua
Que dieu lui doint: et voire voire
Ce que ie pense: et cetera

Toutesfois ie ny pense mal
Pour luy & pour son lieutenant
Aussi pour son official
Qui est plaisant et aduenant
Que faire nay de remenant
mais du petit maistre robert
Je les aime tout dung tenant
Ainsi que fait dieu le lombart

Si me souuient bien dieu mercy
Que ie feis a mon partement
Certains laiz lan cinquante six
Que aulcuns sans mon cōsentement
Voulurent nommer testament
Leur plaisir fut et non le mien
mais quoy on dit communement
Que chascun nest maistre du sien

Et se ainsi estoit que aulcũ neust pas
Receu les laiz que ie commande
Je vueil que apres mon trespas
A mes hoirs on face demande
De mes biens vne plaine mande
Moreau prouins/robin turgis
De moy dictes que ie leur mande
Quilz ont eu iusques au lit ou ie gis

Pour le reuoquer ie le dis
Et y courut contre ma terre
De pitie me suis refroidis
Enuers le bastard de la barre
Parmy ses trois gluions de feurre
Je lui donne mes vieilles nattes
Bonnes seront pour tenir serre
Et soy soustenir sur les pattes

Somme plus ne diray que vng mot
Car commencer vueil a tester
Deuant mon clerc fremin qui mot
Sil ne dort ie vueil protester
Que mentens homme detester
En ceste presente ordonnance
Et ne la vueil manifester
Sinon au royaulme de france

Je sens mon cueur qui saffoiblist
Et plus ie ne puis papier
Fremin siez toy pres de mon lit
Que lon ne me viengne espier
Prens encre plume et papier
Ce que nomme escrips vistement
Puis faiz le par tout coppier
Et voicy li commencement

Ou nom de dieu le pere eternel
Et du filz que vierge parit
Dieu au pere coeternel
Ensemble et le sainct esperit
Qui suma ce que adam perit
Et du pery pare les cieulx
Qui bien ce croit pas ne se perit
De gens mors ce sont petis ieux

Mors estoient et corps et ame
En dampnee perdicion
Corps pourris et ames en flammes
De quelconques condicion
Toutesfois fais exception
Des patriarches et prophetes
Car selon ma conceptiom
Oncq̃s neurẽt grãt chault aux fesses

Qui me diroit qui vous fait mettre
Si tres auant ceste parolle
Qui nestes en theologie maistre
A vous est presumption folle
cest de ihesus la parabole
Touchant du riche enseuelli
En feu non pas en couche molle
Et du ladre au dessoubz de lui

Se du ladre eust veu le doit ardre
Ja neust requis refrigere
Nautre au bout de ses dois a coudre
Pour rafreschir sa maschouere
Pions y feront mathe chere
Qui boiuent pourpoint et chemise
Puis que boiture y est si chere
Dieu nous en gard bourde ius mise

Cy commence le testament.

Du nom de dieu comme iay dit
Et de sa glorieuse mere
Sans peche soit parfaict ce dict
Par moy plus maigre que chimere
Se ie nay eu feu ne lumiere
ce ma fait diuine clemence

Mais daultre dueil ay part amere
Je men tais: et ainsi commence

Premier ie donne ma poure ame
A la benoite trinite
Et la commande a nostre dame
chambre de la diuinite
Priant toute la charite
Et les dignes anges des cieulx
Que par eulx soit ce don porte
Deuant le trosne precieux

Item mon corps iordonne et laisse
A nostre grant mere la terre
Les vers ny trouueront grant gresse
Trop leur a fait fain dure guerre
Or lui soit deliure grant erre
De terre vint en terre tourne
Toute chose si par trop nerre
Voulentiers en son lieu retourne

Item et a mon plus que pere
Maistre guillaume de villon
Qui ma este plus doulx que mere
Enfant esleue de maillon
Degette hors de maint boullon

Et de cestui pas ne sesiouye
Si lui requier a genoullon
Quil men laisse toute la ioye

Je lui donne ma libraitie
Et le rommant du pet au diable
Lequel maistre guy tablerie
Grossoia qui est homme veritable
Par cayers dessoubz une table
combien quil soit rudement fait
La matiere est si fort notable
Quelle amende tout le meffait

Item donne a ma poure mere
Pour saluer nostre maistresse
Qui pour moy eust douleur amere
Dieu le scet et mainte tristesse
Aultre chastel ne forteresse
Nay ou retraire corps et ame
Quant sur soy court malle destresse
Ne ma mere la poure femme

Aultre ballade.

Dame des cieulx regente terrienne
Emperiere des infernaulx pallutz
Receues moy vostre hūble chrestiēne
Que comprinse se ie entre voz esleuz

ce nõ obstãt q̃ oncques rien ne valus
Les biẽs de vo⁹ ma dame ꝛ maistresse
Sõt trop pl⁹ grãs q̃ ne suis pecheresse
Soubz lesq̃lz biẽs ame ne peust perir
Nẽtrer au ciel: poĩt ne suis mẽteresse
En ceste foy ie vueil viure et mourir

A vostre filz dictes que ie suis sienne
De lui soient mes peches abolus
Pardõnes moy cõme a legipcienne
Ou que eustes au clerc theophilus
Lequel ꝑ vous fut quitte et absoubz
combien eust fait au diable promesse
Preserues moy que ie ne face ce
Vierge pourtãt sans rõpure encourir
Le sacrement quon celebre a la messe
En ceste foy ie vueil viure et mourir

Femme ie suis vieille et ancienne
Ne riẽ ne scay oncques lettre ne leuz
Au mõstier vois dõt suis parrochiẽne
Paradis voy ou sont harpes et luz
Enfer ou dampnes sont boullus
Lũg me fit paour: lautre ioye ꝛ liesse
La ioye auoir ne scay aultre liesse
A qui pecheurs doibuẽt tous recourir
Comble de foy sãs faintise ꝛ proesse

En ceste foy ie vueil viure et mourir

Vous portastes doulce vierge pricẽsse
Ihesus regnant qui na ne fin ne cesse
Le tout puissãt prenãt nrẽ foiblesse
Laissa les cieulx et nous vint secourir
Offrist a mort sa treschiere ieunesse
Nostreseigneur tel est; tel le confesse
En ceste foy ie vueil viure et mourir

Item mamour ma chiere rose
Ne luy laisse ne cueur ne foye
Elle aimeroit mieulx aultre chose
Combien quelle ait asses monnoye
Quoy vne grant bource de soie
Plaine descus parfonde et large
Mais pendu soit il que ie soye
Qui leur laira escu ne targe

Car elle en a sans moy asses
Mais de cela il ne men chault
Mes grans deduitz en sont passes
Plus nen ay le croppion chault
Je men desmetz aux hoirs michault
Qui fut nomme le bon fouterre
Pries pour luy faictes vng sault
A sainct satur gist soubz sancerre

Ce non obstant pour macquitter
Enuers amours plus que euers elle
Car oncques ny peust acquester
Despoir vne seulle estincelle
Ne scay se a tous est si rebelle
Que a moy ce mest grant esmoy
Mais par saincte marie la belle
Je ny voy que rire pour moy

Ceste ballade lui enuoie
Qui se finist toute par re
Qui la portera que gy voie
Ce sera pernet de la barre
Pourueu sil rencontre en son erre
Ma damoiselle au nez tortu
Il lui dira sans plus acquerre
Orde paillarde dont viens tu

Villon

Faulce beaulte q̃ tant me couste cher
Rude en fait ypocrite douleur
Amour dure plus que fer a mascher
Nommer te puis de ma defacon seur
cercher selõ la mort dũg poure cueur
Orgueil musse q̃ gens met au mourir

peulx sãs pitie ne veult droit exigeur
Sans empirer vng poure secourir

Beaulte damours
Mieulx me valu auoir este cercher
ailleurs secours ceust este mõ hõneur
Riẽ ne me sceu lors de ce fait chasser
certes men suis en fuite et deshõneur
Haro haro le grant et le mineur
Et quesse mourray ie sans coup ferir
Ou pitie veult selon ceste teneur
Sans empirer vng poure secourir

Vng tẽps viendra qui fera dessecher
Jaulnir flestrir vrẽ espaignie fleur
Je men risse senfãt sceusse marcher
Mais nenny ce seroit dont foleur
Vieil ie seray vous laide a douleur
Or buues fort tant q̃ tu peut courir
Ne donne pas a tous ceste douleur
Sans empirer vng poure secourir

Pͥnce amoureux des amãs le meileur
Vostre malgre ne vouldroie encourir
mais tout frãc cueur doit p nrẽ seigneur
Sãs ẽpirer vng poure secourir

Item a maistre ythier marchant
Auquel mon brant laisse iadis
Donne: mais quil mette en chant
Ce lay contenant des vers dix
Avecques ce vng de profundis
Pour ses anciennes amours
Desquelles le nom ie ne dis
Car il me herroit a tousiours

Lay

Mort rapelle de ta rigueur
Qui mas ma maistresse ravie
Et nest pas encore assouvie
Si tu ne me tiens en langueur
Oncques puis neuz force ne vigueur
Mais que le nuy soit elle en vie

Mort

Deux estions et navions qung cueur
Sil est mort force est que de vie
Voire ou que vive sans vie
Comme les ymages par cueur

Mort

Item a maistre iehan cornu
Aultres noveaulx laiz ie vueil faire
Car il ma tousiours secouru
A mon grant besoing et affaire
Pource le iardin luy transfere

Que maistre pierre burguignon
Me renta en faisant refaire
Luy de derriere et le pignon

Par faulte dung huys gy perdis
Ung grez et ung manche de houe
Alors huit faulcons non pas dix
Ny eussent pas prins une alloue
Lostel est seur mais quon le cloue
Pour enseigne ie y mis ung hauet
Qui que lait prins point ne men loue
Sanglante nuyt et bas cheuet

Item donnne a sainct denis
Hesselin eslieu de paris
Quatorze muys de vin daulnys
Prins cheulz turgis a mes perilz
Sil en beuuoit tant que perilz
En fust son sens et sa raison
Quon mette de leaue en barilz
Vin pert mainte bonne maison

Item donne a mon aduocat
Maistre guillaume charruau
Quoy quon marchande ou ait estat
Mon branc ie me tais du fourreau

Il aura auec ce vng reau
En change affin que sa bourse enfle
Prins sur la chausee et carreau
De la grant cloustuure du temple

Item mon procureur fornier
Aura pour toutes ses cornees
Simple sera de lespargner
En ma bouche quatre annees
Car maintes causes ma sauuees
Justes ainsi ihesucrist mayde
Comme telles se sont trouuees
Car bon droit si a mestier dayde

Item donne a maistre iacques
Raguier le grant godet de greue
Pourueu ql paiera quatre placques
Et deust il vendre quoy qui griefue
Ce dont on cueuure mol et greue
Aller sans chauses et chapin
Tous les matins quant il se leue
Au trou de la pomme de pin

Item quant est de maire beuf
Et de nicholas de louuiers
Vache ne leur donne ne beuf

Car vachiers ne sont ne bouuiers
Mais gens a porter espreuiers
Ne cuides pas que ie vous ioue
Et pour prendre perdriz plouuiers
Sans faillir sans la masche crue

Item vienne robert turgis
A moy ie lui payeray son vin
Mais quoy sil treuue mon logis
Plus fort fera que le diuin
Le droit lui donne descheuin
Quoy com enfant ne de paris
Se ie parle vng peu poicteuin
Certes deux dames le mont apris

Filles sont tres belles et gentes
Demourans a sainct genou
Pres sainct iulien de vouentes
Marches de bretaigne ou poictou
Mais ie ne dis proprement ou
Or penses trestous les iours
Car ie ne suis mie si fou
Je pense celer mes amours

Item a iehan raguier ie donne
Qui est sergent voire des douze

Tant quil viura ainsi lordonne
Tous les iours vne talemouse
Pour bouter et fourrer sa mouse
Prins a la table de bailly
A mal boire sa gorge arouse
Car a menger na pas failly

Item et au prince des sotz
Pour vng bon sot michault du four
Qui a la fois dit de bons motz
Et chante bien ma doulce amour
Il aura auec ce le bon iour
Brief mais ql fut vng pou en point
Il est vng droit sot de ce iour
Et est plaisant ou il ne lest point

Item aux vnze vingz sergens
Donne car leur fait est honneste
Et sont bonnes et doulces gens
Denis richier: et iehan valette
A chascun vne grande cornette
Pour pẽdre a leurs chappeaulx de
Jentẽs a ceulx a pie holete (feautre
Car ie nay que faire des aultres

De rechief donne a perrinet

Jentens le bastart de la barre
Pour ce quil est beau filz et net
Et son escu en lieu de barre
Trois des plombes de bonne carre
Ou vng beau ioly ieu de cartes
Mais quoy son loyt vessir ne poirre
En oultre aura les fieures quartes

Item ne vueil plus que chollet
Dolle trenche ne boise
Reillie brot ne tonellet
Mais tous ses hostilz changer voise
A vne espee lyonnoise
Quil en retienne le hutenet
Combien que nayme bruit ne noyse
Si lui plaist il vng tantinet

Item ie donne a ichan le lou
Homme de bien et bon marchant
Pource quil est linget et flon
Et que chollet est mal saichant
Vng beau petit chiennet couchant
Qui ne laira poullaille en voye
Vng long tabart et bien cachant
Pour les musser quon ne les voye

Item a lorfeure du boys
Donne cent cloux queues et testes
De gingembre sarrazinois
Non pas pour emplir ses boettes
Mais pour conioindre culz en coetes
Et couldre iambons et andoulles
Tant que le lait en monte es tettes
Et le sang en deualle aux coulles

Au capitaine de iehan riou
Tant pour lui que pour ses archiers
Je donne six heures de lou
Qui nest pas viande a porchiers
Prins a gros matins de bouchiers
Et tinettes en vin de buffet
Pour megier de ces morceaux chiers
On en feroit bien vng malfait

Cest viande vng pou plus pesante
Que duuet nest ne plume ne liege
Elle est bonne a porter tente
Ou pour vser en quelque siege
Silz estoient prins a vng piege
Ces matins quilz ne sceussét courre
Jordonne moy quilz suis son iuge
Que des peaulx sur liuer sen fourre

Item a robinet troussecaille
Qui est en seruice bien fait
A pie ne va comme vne caille
Mais sur rossin gros et reffait
Je luy donne de mon buffet
Vne iacte quemprunter nose
Si aura mesnage parfait
Plus ne luy failloit aultre chose

Item et a perrot girard
Barbier iure du bourc la royne
Deux bacins et vng cocquemart
Puis qua gangner met telle peine
Des ans ya demie douzaine
Qua son hostel de cochons gras
Mapatella vne sepmaine
Tesmoing labesse de pourras

Item aux freres mendiens
Aux deuottes et aux beguines
Tant de paris que dorleans
Tant turpelins que turpelines
De grasses soupes iacobines
Et flans leurs faiz oblacion
Et puis apres soubz les courtines

Parler de contemplacion

Si ne suis ie pas qui leur donne
Mais de tous en sont les maires
Et dieu qui ainsi les guerdonne
Pour qui seuffrent paines ameres
Il fault que viuent les beaulx peres
Et mesmement ceulx de paris
Silz font plaisier a noz commeres
Ilz aiment ainsi leurs maris

Quoy que maistre iehan de polliez
En voulsist dire et reliqua
Contrainct et en publique lieu
Honteusement sen reuoqua
Maistre iehã de mehun sen mocqua
De leur facon : si fist mathieu
Mais on doit honnorer ce qua
Honnore leglise de dieu

Si me sumetz leur seruiteur
En tout ce que ie puis faire et dire
A les honorer de bon cueur
Et seruir sans contredire
Lhomme bien fol est den mesdire
Car soit a part ou en prescher

Ou ailleurs il ne fault pas dire
Si gens sont pour eulx revencher

Item donne a frere baulde
Demourant a lostel des carmes
Pourtant chere hardie et baude
Une sallade et deux guisarmes
Que de consta et ses gens darmes
Ne lui riblent sa cage vert
Vieil est sil ne se rend aux armes
Cest bien le diable de vauuert

Item pource que le scelleur
Mait estrong de mouche a masche
Donne car homme est de valleur
Son seau dauentage crache
Et quil ait le poulce estache
Pour tout comprendre a une voye
Jentens cellui de leuesche
Car les aultres dieu les pourvoye

Quāt de messeigneurs les auditeurs
Leur granche auront lembrochee
Et ceulx qui ont les culz rongneux
Chascun une chaire persee
Mais que a la petite macee

Dorleans qui eust ma ceinture
Lamende soit bien hault tauxee
Car elle est mauuaise ordure

Item donne a maistre francois
Promecteur de la vaucquerie
Vng hault gorderin descoissois
Toutessois sans orfauerie
Car quant receut cheualerie
Il maulgrea dieu et sainct george
Parler nen oit on qui ne rie
Comme enrage a pleine gorge

Item a maistre iehan laurens
Qui a ses pouures yeulx si rouges
Par le peche de ses parens
Qui boiuent en barilz et courges
Je donne lenuers de mes bouges
Pour tous les matins les torcher
Sil fust archeuesque de bourges
Du cendal eust: mais il est cher

Item a maistre iehan cotard
Mon procureur en court deglise
Auquel dois encor vng patard
Car a present bien men aduise

Quant chicaner me feist denise
Disans que lauoye mauldicte
Pour son ame qui es cieulx soit mise
Ceste oraison ien ay escripte

Ballade

Pere noe qui plantastes la vigne
Vous aussi loth qui bustes ou rochier
Par tel pci quamours q̇ gẽs engigne
De vo⁹ filles si vous feist appucher
Pas ne le dy pour le vo⁹ reproucher
Archetriclin qui bien sceust cest art
To⁹ trois vo⁹ prie q̃ vo⁹ vueillez pcher
Lame du bon feu maistre iehã cotard

Jadis extrait il fut de vostre ligne
Lui q̇ buuoit du meilleur ⁊ plus cher
et ne deust il auoir vaillãt vng pigne
Certes sur to⁹ cestoit vng bõ archier
on ne lui sceut pot des mais arracher
De bien boire oncques ne fut fetard
nobles seigneurs ne souffrez ẽpescher
Lame du bõ feu maistre iehã cotard

Cõe hõme viel q̇ chãcelle ⁊ trepigne
lay veu souuẽt quãt il falloit coucher
Et vne fois il se fist vne bigne

Bië me souuiët a lestal dun boucher
Brief on neust sceu en ce möde cercher
Meilleur pion pour boire tost & tard
Faites entrequät vo⁹ orres haucher
Lame du bon feu maistre iehä cotard

Prince il neust sceu iusqs a tre cracher
Tousiours croit haro la gorge mard
Et si ne sceut oncqs sa soif estancher
Lame du bon feu maistre iehä cotard

Item vueil que le ieune merle
Desormaiz gouuerne mon change
Car de changer enuis me mesle
Pourueu q tousiours baille en chäge
Soit a priue soit a estrange
Pour trois escus six brettes targes
Pour deux angelos vng grät ange
Amans si doiuent estre larges

Item iay sceu a ce voiage
Que mes trois poures orphelins
Sont cruz et deuiennent en aage
Et nont pas testes de belins
Et que enfans dicy a salins
Na mieulx iouant leur tour descolle
Or par lordre des mathelins

Telle iunesse nest pas folle

Si vueil quilz voisent a lestude
Ou cheuz maistre pierre richier
Le donnet est pour eulx trop rude
Ja ne les y vueil empescher
Ilz sauront ie layme plus cher
Aue salus tibi decus
Sans plus grãs lettres en cercher
Tousiours nont pas clers le dessus

Cecy estudient et puis ho
Plus proceder ie leur deffens
Quant dentendre le grant credo
Trop fort il est pour telz enfans
Mon long tabat en deux fens
Si vueil que la moitie se vende
Pour leur en achetter des flans
Car ieunesse est vng peu friande

Et veult quilz soient informes
En meurs quoy que couste bateure
Chapperons auront enfonces
Et les pouures soubz la ceinture
Humbles a toute creature
Disans en quoy il nen est rien

Si diront gens par aduenture
Decy enfans de lieu de bien

Item a mes pouures clergons
Ausquelz mes lettres ie resigne
Beaulx enfans et droiz cõme ioncs
Les voians ie men dessaisine
Et sans receuoir leur assigne
Seur cõme qui lauroit en paulme
A vng certain iour de sepmaine
Sur lostel de guesdry guillaume

Quoy que ieunes et esbatans
Soient en rien ne me desplaist
Dedans trente ou quarante ans
Bien autres seront se dieu plaist
Il fait mal qui ne leur complaist
Ilz sont tresbeaulx enfans et gentz
Et qui les bat ne fiert fol est
Car enfans si deuiennent gens

Les burses des dishuit clercs
Auront ie my vueil emploier
Pas ilz ne dorment comme loirs
Qui trois mois sont sans reueiller
Au fort triste est le sommellier

Qui fait aiser ieune en ieunesse
Tant quen fin luy faille veiller
Quant reposer deust en vieillesse

Si en escrips au collateur
Lettres semblables et pareilles
Or prient pour leurs bienfaicteur
Ou quon leur tire les oreilles
Aucunes gens ont grãt merueilles
Que tãt mencline enuers ces deux
Mais foy que doy festes et veilles
Oncques ne vy les meres deulx

Item a michault cudoe
Et a sire cherlot taranne
Cent solz; silz demandent prins oe
Ne leur chault ilz viendront demãne
Et vne chausse de basenne
Autant empiegne que semelle
Pourueu quilz me salueront iehãne
Autant vnaultre comme elle

Item au seigneur de grigny
Auquel iadis laissay vicestre
Je donne la tour de billy
Pourueu se huys ya ne fenestre

Qui soit de bout en tout cest estre
Quil remette trestout bien ioingt
Face argent a destre et a senestre
Il lui viendra tousiours a point

Item a sire iehan de la garde
Quaura il de moy a la sainct iehan
Que luy donray ie qui ne perd
Asses ay perdu tout cest an
Dieu le vueille pourueoir amen
Le barrillet par mame voire
Angenoulx est plus ancien
Et a plus grant nez pour y boire

Item ie donne a basumier
Notaire et greffe criminel
De girofle plain vng pannier
Prins cheulz maistre iehan de ruel
Tant a mautaint tant a rosuel
Et auecq ce don de girofle
Seruir de cueur et gent et ysnel
Le sergent qui sert christofle

Au quel ceste ballade donne
Pour sa dame qui tous biens a
Samour ainsi tous nous guerdonne

Je ne mes bahis de celle a
Car au pas conqueste celle a
Que tant regna le roy de cecille
Ou se bien fist et peu parla
Quoncques hector feist ne troille

Aultre ballade

Au point du iour q̃ lesprevier sesbat
nõ pas de dueil mais ꝑ noble coustũe
Bruit de maulvis et de ioye sesbat
Recoit sõ par: ꝗ se ioingt ala plume.
Au soir vo⁹ vueil a ce desir malume
Joieusemẽt ce quaus amãs bõ sẽble
Saches quamours lescriuent en leur volume
Et cest la fi pourquoy sõmes ensẽble

Dame serez de mon cueur sãs debat
Entieremẽt iusq̃s mort me consume
Lovier souef pour mon droit se cõbat
Olivier franc cõtre toute amertume
Raison ne veult que le descoustume
Et en vueil avec elle ma semble
De vo⁹ servi maiz que my acoustume
Et cest la fi pourquoy sõmes ensẽble

Et q̃ pl⁹ est quãt dueil sur moy sẽbat

Par fortune qui souuent si se fume
Vostre doulx oeil son malice rabat
Ne pl' ne mais q̃ le vẽt fait la plume
Si ne pers pas la graine q̃ ie fume
En vostre chãp car le fait me resẽble
Dieu mordonne que ie le face & fume
Et cest la fi pourquoy sõmes ensẽble

Princesse oyez ce q̃ cy vous resume
Que le miẽ cuer du vostre desassẽble
Ja ne sera tant de vous en presume
Et cest la fi pourquoy sõmes ensẽble

Item a sire iehan perdrier
Riens na & francois son second frere
Si mont il voulu aydier
Et de leurs biens faire confrere
Combien que francois mon cõpere
Langues cuisans flãbans & rouges
Son commandement sa priere
Me recommanda fort a bourges

Si aille voir en taille vent
Du chapitre de fricassure
Tout au long derriere et deuant
Lequel nen parle ius ne sure

Mais maquaire le Vous asseure
A tout le poil cuisant Vng diable
Affin que sentist bon larsure
Ce recipe mescript sans fable

Ballade

En reagal en archenic rocher
En orpimẽt en salpestre & chaulx Viue
En plomb boullant pour mieulx les
esmorcher
En suif & poix destrempez de lexiue
Faicte destrons & de pissat de iuifue
En laueure de iambes a mesaulx
En racture de piez & Vieulx houseaulx
En sãg daspic telz drogues pilleuses
en fiel de loups de regnars & blereaux
Soiẽt frictes ces lãgues Venimeuses

En ceruelle de chat qui hait pescher
Noir et si Vieil ql nait dent en gẽciue
Dun Vieil masti q Vault biẽ aussi cher
Tout enrage en sa baue et saliue
En lescume dune mulle poussiue
Destrenche menu a bons chiseaulx
En eaue ou ratz plongent groingz et
museaulx
raines crapaulx telz bestes dãgereuses

Serpēs lesars telz nobles oyseaulx
Soiēt frictes ces lāgues venimeuses

En sublime dangereulx a touchier
Et ou nombril dune couleuure viue
En sang quō met es palettes sechier
cheuz ces barbiez q̄ͬt plaie lune arriue
Dōt lun est noir lautre plꝰ vert q̄ ciue
En chācre a filz a en ces ors cuueaulx
ou nourrisses essāgēt leurs drapeaulx
En petis baigs de filles amoureuses
q̄ ne demādēt q̄ suiure les bordeaulx
Soiēt frictes ces lāgues venimeuses

Prīce passes toꝰ ces friās morceaulx
Sestamine nauez ou belluteaulx
Parmi le fōs dunes braies brenneuses
Mais p̄ auāt en estrōs de porceaulx
Soiēt frictes ces lāgues venimeuses

Item a maistre andri courault
Les contredit franc gautier mande
Quant du tirant seant en hault
A cestui la rien ie ne demande
Le saige ne veult que contende
Contre puissant pouure homme las
Affin que ses filles ne tendent

Et que ne tresbuche en ses las

Gõtier me crains q̃ na nulz hommes
Et mieulx que moy nest herite
Mais en ce danger cy nous sommes
Car il loue sa pouurete
Estre poure yuer et este
Et a felicite le repute
Lequel tiens a malheurete
Lequel a tort: or en discute

Aultre ballade

Sur mol duuet assis vng gras chanoi
Vng brasier en chãbre biẽ nattee (ne
A son couste gisant dame sidoine
Blanche.tendre.pollie.et attainte
Boire ypocras a iour et a nuyttee
Rire.iouer.mignonner.et baiser
et nu a nu pour mieulx les corps aiser
Les vytos deux p vng trou de mortese
Lors ie cõgneuz q̃ pour dueil apaiser
Il nest tresor que de viure a son aise

Se franc gõtier & sa cõpaigne helaine
Eussent ceste doulce vie hantee
Dongnõs.ciuoz.q̃ cassent fort alaine
Nen comptassent vne bise tostee

Tout leur mathō ne toute leur mathee
Ne prise vng ail:ie le dy sans noiser
Si sen vont il couchier soubz le rosier
Lequel vault mieulx lit costoie de chaise
Quen dittes vous fault il a ce muser
Il nest tresor que de viure a son aise

De gros pain bis viuēt dorge et dauoine
Et boiuēt eaue tout au long de lannee
Tous les oyseaulx dicy en babilone
A tel escot vne seule iournee
Ne me tiendroient non vne matinee
Or sesbate de par dieu franc gontier
Helene o luy soubz le bel eglantier
Si bien leur est nay cause quil me poise
Mais quoy ql soit de laboureux mestier
Il nest tresor que de viure a son aise

Prince iuges pour tous nous accorder
Quāt est amoy mais qua nul ne deplaise
Petit enfant ie ouy recorder
Quil nest tresor que de viure a son aise

Item pour ce que scet la bible
Ma damoiselle de bruieres
Donne prescher hors leuangille
A elle et a ses chamberieres

Pour retraire ses viollettiers
Que ont le bec affille
Mais que ce soit hors cimetieres
Trop au marche et au fille

Ballade de la rescription
des femmes de paris

Quoy q̄ tiennent belles langagieres
Genouoises veniciennes
Asses pour estre messagieres
Et mesmement les anciennes
Mais soient lombardes rōmaines
Florentines a mes perilz
Pymontoises squoisiennes
Il nest bon bec que de paris

De tresbeau parler tiennēt cheres
Se dit on neopolitaines
Quoy que bonnes quaquetieres
Allemandes prouuentiennes
Soient normandes egipciennes
De honguerie ou dautre pays
Espaignolles ou castellannes
Il nest bon bec que de paris

Brettes suysses ne sceuent gueres
Gascougnes thoulouzaines

De petit pons deux harengieres
Les coucheroient et les lorraines
Angloises et valenciennes
Ayge beaucop de lieu compris
Picardes et beauuoisiennes
Il nest bon bec que de paris

Prince aux dames parisiennes
De beau parler donnes le priz
Quoy quon die dictaliennes
Il nest bon bec que de paris

Regarde men deux ou trois assises
Sur le bas du ply de leurs robes
En ces monstiers en ces eglises
Tires ten pres et ne ten hobes
Tu trouueras quoncques macrobes
Oncques ne fist telz iugemens
Entens quelque chose en desrobes
Ce sont tous beaulx enseignemens

Item varletz et chamberieres
De bons hostelz rien ne me nuyst
Faisans tartes flans et gouyeres
Et grant raillias a mynuit
Riens ny font sept pintes ne huit

Tant que gisent maistre et dame
Puis apres sans mener grant bruit
Je leur ramentoy le ieu dasne

Item et a filles de bien
Qui ont peres meres et antes
Par mame ie ne donne rien
Car iay tout donne aux seruantes
Si fussent ilz de pou contentes
Grāt bien leur feissēt maintz lopis
Aux pouures filles aduenantes
Qui se perdent aux iacobins

Aux celestins et aux chartreux
Quoy que vie mainnent estroicte
Si sont il largement entre eulx
Dont pouures filles ont disete
Tesmoing iacqueline et perrette
Et ysabeau qui dit enne
Puis quil en ont telle souffrecte
A paine en seroit on dampne

Item a la grosse margot
Tresdoulce face et pourtraicture
Foy que doy bourlare bigot
Asses deuotte creature

Je layme de propre nature
Et elle moy la doulce sade
Qui la trouuera dauenture
Quon lui lise ceste ballade
Ballade de Villon & de la grosse margot
Se iayme et sers la belle de bō hait
Men deuez vous tenir a vil ne sot
Elle a en soy des biens a son souhait
Pour elle seings le boucler et passot
Quant viennent gens ie cours et
hape vng pot
Au vin mē fuiz sās demener grāt bruit
Je leur tēdz eaue pain frōmage et fruit
Silz iouēt bien: ie leur diz q̄ bien stat
Retournez cy quāt vo⁹ serez en ruit
En ce bourdeau ou tenōs nostre estat

Mais adonc il ya grant dehait
Quāt sās argēt sē va coucher margot
Veoir ne la puis mō cuer mort la hait
Sa robe prent/chapeton et surcot
Si luy iure quil tiendra pour lescot
Par les costes si se prent lantechrist
Crie et iure par la mort iesucrist
Que nō fera: lors ie pogne vng esclat
Dessus son nez lui en fais vng escript

En ce bordeau ou tenons nostre estat

Puis paix se fait a me lache vng gros pet
Plus enflãde quun venimeux escarbot
Riant ma siet lẽ poing sur le sommet
Gogo me dit et me fait le iambot
Toꝰ deux ẽsẽble dormõs cõe vng sabot
Et au reueil quãt le ventre lui bruit
Monte sur moy quel ne gaste son fruit
Soubz elle gemis plꝰ quun aiz me fait plat
De paillarder tout elle me destruit
En ce bordeau ou tenons nostre estat

Vente, gresle, gelle: iay mon pain cuit
Je suis paillard: la paillarde me suit
Ordure auons; ordure nous assuit
Lũ vault lautre/ cest a mauchat maurat
Noꝰ deffuions hõneur: ꝛ il nous deffuit
En ce bordeau ou tenons nostre estat

Item a marion lydolle
Et a la grant iehanne de bretaigne
Donne tenir publique escolle
Ou lescollier le maistre enseigne
Lieu nest ou cẽ marche ne tiengne
Si non en la grisle de mehun
De quoy ie d[illegible] fy de lenseigne

Puis que louurage est si cōmun

Item aussi a noe le iolis
Autre chose ie ne luy donne
Fors plain poit dosiers freiz cueilliz
En mon iardin ie labandonne
Chairite est et belle aumosne
Ame ne doit estre marry
Unze vings coups lui en ordonne
Par les mains de maistre henry

Item ne scay qua lostel dieu
Dōner naux poures hospitaulx
Bourdes nont icy temps ne lieu
Car pouures gens ont asses maulx
Chascun leur enuoie leurs os
Les mendians ont eu mon oye
Au fort ilz en auront les os
A pouures gens menu monnoye

Item ie donne a mon barbier
Qui se nomme colin galerne
Pres voisin dangelot lerbier
Ung gros glassō: pris ou en marne
Affin qua son aise se yuerne
De lestomac le tiengne pres

Se liuer ainsi se gouuerne
Trop naura chault leste dapres

Item rien au enfans trouues
Mais les perduz fault que console
Si doiuent estre retrouues
Par droit cheuz marion lidolle
Une lecon de mon escolle
Leur liray qui ne dure guiere
Teste nayant dure ne folle
Escoutent cest la derniere

Beaulx enfās vo⁹ perdes la plus
Belle rose de vo chapeau
Mes clercs pres prenātz cōme glus
Se vous alles a mon pipeau
Ou a rueil gardes la peau
Car pour sesbatre en ces deux lieux
Cuidant que vaulsist le rappeau
Le perdit colin de cayeux

Ce nest pas ung ieu de trois mailles
Ou va corps et peult estre lame
Quon pert: rien ny sont repentailles
Quon nen meure a honte et diffame

Et qui gaine na pas a femme
Dido la royne de cartage
Lhomme dont est fol et infame
Qui pour si pou couche tel gage

Quun chascun encore mescoute
On dit et il est verite
Que charretiere se boit toute
Au feu iiuer au boys leste
Se argent auez il nest quitte
Mais le despent tost et viste
Qui en voies vous herite
Jamais mal aquest ne prouffite

Austre ballade

Car or soies porteur de bulles
Pipeur ou hesardeur de dez
Tailleur de faulx coings tu te brusles
Comme ceulx qui sont eschaudes
Traistres piureurs de foy vuides
Soiens larron rauis ou pilles
Ou en va laquest que cuides
Tout aux tauernes et aux filles

Rime raille cimballe lustes
Dont sont tous autres eshontes
Farce brouille ioue de fleustes

Fainctes ieulx et moralites
Faitz en villes et en cites
Gaigne au berlāc au glic aux q̄lles
Peu sen va tout oz escoutes
Tout aux tauernes ou aux filles

De telz ordurez te reculles
Laboure fauche champs et pres
Sers et pense cheuaulx et mulles
Saucunement tu nes lettres
Asses auras si prens en gres
Mais se chanure broire au tilles
Ne tens ton labour quas ouures
Tout aux tauernes ou aux filles

Chausses pourpoings ⁊ esguillettes
Robes et toutes voz drapilles
Ains que cesses pis porterez
Tout aux tauernes ou aux filles

A vous parle compaings de galle
Mal des ames et bien du corps
Gardes vous de ce mau halle
Qui noircist les gens quāt sōt mors
Escheuez le cest mauuais mors
Passes vous en mieulx que pourres

Et pour dieu soies tous recors
Qune foys viendra que mourres

Item ie donne aux quinze vings
Quautāt vauldroit nōmer trois cēs
De paris nompas de prouins
Car a eulx tenu ne me sens
Ilz auront et ie my consens
Sans les estuis mes grans lunettes
Pour mettre apart aux innocens
Les gens de bien des deshonnestes

Icy na ne ris ne ieu
Que leur vault auoir cheuance
Ne grans litz de paremens ieu
Engloutir vin en grosses panses
Mener ioye festes et danses
Et de ce prest estre a toute heure
Tantost faillent telles plaisances
Et la coulpe si en demeure

Quant ie considere ces testes
Entassees en ses charniers
Tous furent maistres des requestes
Ou tous de la chambre aux deniers
Ou tous furent panniers

Autant puis lun que lautre dire
Car euesques ou lanterniers
Je ny congnois rien a redire

Et icelles qui senclinoient
Vnes contre aultres en leurs vies
Desquelles les vnes regnoient
Des aultres craintes et seruies
La les vy toutes assouuies
Ensemble en vng tas pesle melle
Seigneuries leur sont rauies
Clerc ne maistre ne si appelle

Or sont ilz mors dieu ait leurs ames
Quant est des corps ilz sont pourris
Aient este seigneurs et dames
Souef et tendrement nourriz
Doree/cresme frõmentee ou riz
Et les os declinent en pouldre
Ausquelz ne chault desbas ne riz
Plaise au doulx iesus les absouldre

Item rien a iacquet cardon
Car ie ne rien pour lui honneste
Nompas quil gecte a bandon
Pour la belle bergeronnette

Se elle eust le chant marionnette
Fait par marion peautarde
Ou ouurez vostre huys guillemette
Elle allast bien a la moutarde

Item dõne aux amans enfermes
Oultre maistre alain chartetier
A leurs cheuez de pleurs de lermes
Trestout fin plain vng benoistier
Et vng petit brin desglantier
En tout temps vert pour guipillon
Pourueu quilz diront vng psaultier
Pour lame du poure villon

Item a maistre iaques iames
Qui se tue damasser biens
Donne fiancer tant de femmes
Quil vouldra: mais despouser riens
Pour quil amasse il pour les siens
Il ne plaint fors que ces morceaulx
Ce que fut aux truyes ie tiens
Il doit de droit estre aux pourceaulx

Item sera le senechal
Qui vne fois poya mes debtes
En recompense mareschal
Pour farrer oes et canettes

En lui envoiant ces sonnettes
Pour soy desennoier: combien
Sil en veult face des allumettes
De bien chanter sennuye on bien

Item au chevalier du guet
Je donne deux beaulx petis pages
Phillipot et le gros marquet
Lesquelz servy dont sont plus sages
La plus partie de leurs aages
Tristan prevost des mareschaulx
Hellas si sont casses de gaiges
Aller leur fauldra tous deschaulx

Item au chapellain ie laisse
Ma chappelle en simple tonsure
Chargee dune seche messe
Ou il ne fault pas grant lecture
Resigne lui eusse ma cure
Mais poït ne veult de charge damez
De confesser certes il na cure
Si non chamberieres et dames

Pource que cest bien mon entente
Jehan de caillais hõnorable homme
Qui ne me vit des ans a trente

Et ne scet comment ie me nomme
De tout ce testament en somme
Saucune ya difficulte
Oster iusquau re dune pomme
Je luy en donne faculte

De le gloser et commenter
Et le deffinir a rescripre
Diminuer et augmenter
Et le chãceler et escripte
De sa main et ne sceut escripre
Interpreter et donner sens
A son plaisir meilleur ou pire
A tout cecy ie my consens

Et saucun dont nay congnoissance
Estoit alle de mort a vie
Je vueil et luy donne puissance
Affin que lordre soit finie
Et lordonnance estre assouuie
que ceste ausmone ailleurs trãsporte
Sans sappliquer par enuie
A son ame ie men rapporte

Item iordonne a saincte auoye
Et non ailleurs ma sepulture

Et affin que chascun me voye
Non pas en chair mais en painctute
Que lon tire mon estature
Dancre sil ne couste trop cher
De tumbel rien ie nen ay cure
Car il greueroit le plancher

Item vueil que au tour de ma fosse
Ce que sensuit sans aultre hystoire
Soit escript en lettre asses grosse
Et qui nauroit point descriptoire
De charbon ou de pierre noire
Sans en rien entamer le plastre
Au mains sera de moy memoire
Telle quelle est dun follastre

Cy gist et dort en ce solier
Quamours occist de son raillon
Vng pouure petit escolier
Qui fut nomme francois villon
Oncques de terre neust sillon
Il donna tout chascun le scet
Tables treteaulx pain corbillon
Au mains dictes en ce verset

Repos eternel donne a cil

Lumiere clarte perpetuelle
Qui vaillant plat ne escuelle
Neust onc ne vng brin de percil

Il fut rez chief barbe et sourcil
Cōme vng nauet quon ree et pelle
Repos
Rigueur le transmist en exil
Et luy frappa au cul la pelle
Non obstant quil dist ien appelle
Qui nest pas terme trop subtil
Repos
Item ie vueil quon sonne a bransle
Le gros beffroy qui est de voirre
Combiē que cueur nest qui ne trēble
Quant de sonner est a son erre
Sauue a mainte bonne terre
Le temps passe chascun le scet
Fussent gens darmes ou tonnoirre
Au son de lui tout mal cessoit

Les sōneurs auront quatre miches
Et se cest pour demie douzaine
Autant nen donnent les plus riches
Mais ilz seront de sainct estienne
Voullant est hōme de grant peine

84

Lung en sera quant ie y regarde
Il en viura vne sepmaine
Et lautre au fort iehan de la garde

Pour tout ce fournir et parfaire
Jordonnne mes executeurs
Auxquelz fait bon auoir a faire
Qui contentent bien leurs debteurs
Ilz ne sont pas grans vanteurs
Ilz ont bien de quoy mercis
De ce fait seront directeurs
Escriptz ie ten nommeray six

Cest maistre martin bellefaye
Lieutenant du cas criminel
Qui sera lautre: ie y pensoye
Ce sera sire colombel
Si luy plaist/et il luy est bel
Il entreprendra ceste charge
Et lautre michel iouuenel
Ces trois seulx et pour to⁹ en charge

Mais ou cas que mescusassent
En redoubtant les premiers fraiz
Ou totallement recusassent
Ceulx qui sensuyuent cy apres

Institue gens de bien tres
Phelipe brune au noble escuier
Et lautre son voisin dempres
Si est maistre iacques raguier

Et lautre maistre iacques iaynes
Trois hōmes de bien et donneur
Desirans de sauuer leurs ames
Et doubtant dieu nostre seigneur
Plus tost y mectroient du leur
Qua ceste ordonnance ne baillent
Point nauront de contrerolleur
A leur bon seul plaisir en taillent

Des testamens quon dit le maistre
De mon fait naura quid ne quot
Mais ce sera vng ieune prestre
Qui se nomme thomas tricot
Voulentiers beusse en son escot
Et quil me coustast ma cornette
Sil sceust iouer a vng tripot
Il eust du mien le trou perrette

Quant au regard du luminaire
Guillaume du ru gy commetz
Pour porter les coings du suaire

Aux executeurs le remetz
Trop pl⁹ mal me fōt quonques mais
Penil cheueulx barbe sourcilz
Mal me presse temps est desormais
Que crie a toutes gens merciz

Aultre ballade

Chartreux aussi celestins
Aux mendians et aux deuottes
A musars et clicque patins
A seruantes et a filles mignottes
Portans surcotz et iustes cotes
A cuidereaux damours transsis
Chaussās sās meshaig fauues botes
Je cry a toutes gens mercis

A fillettes monstrans tetins
Pour auoir plus largement hostes
A ribleurs meneurs de hutins
A basteleurs trainans de marmotes
A folz et folles sotz et sottes
Qui sen vont cifflant cinq et six
A vesues et a mariotes
Je cry a toutes gens mercis

Si non aux traistres chiens matins
Qui mont fait chier dures crotes

Menger mains soirs et mais matins
Que ores ie ne crais pas trois crotes
Pour eulx ie feisse pes et rottes
Je ne puis car ie suis assis
Combien que pour euiter riottes
Je cry a toutes gens mercy

Son leur froissoit les quinze rostes
De grans mailletz gros et massis
De plombees et de telz pellotes
Je cry a toutes gens mercy

Icy se clost le testament
Et finist du poure Villon
Venes a son enterrement
Quant vous orrez le carrillon
Vestuz rouges comme vermeillon
Car en amours mourut martir
Si iura il sur son caignon
Quant de ce monde voult partir

Explicit.

Cause dappel dudict Villon

Que vous semble de mon appel
Garnier faiz ie sens ou follie
Toute beste garde sa pel
Qui la contraint efforce ou lye

Selle peust elle se deslie
Quant en ceste peine arbitraire
On me iugea par tricherie
Estoit il lors temps de moy taire

Se fusse des hoirs hue cappel
Que fut extrait de boucherie
On meust parmy ce drappel
Fait boire a celle escorcherie
Vous entendes bien ioncherie
Ce fust son plaisir voluntaire
De moy iuger par tricherie
Estoit il lors temps de moy taire

Cuides vous que soubz mon cappel
Ny eust tant de philosophie
Comme de dire ien appel
Si auoit ie vous certifie
Cõbien que point trop ie my fie
Quant on me dit present notaire
Pendus seres ie vous affie
Estoit il lors temps de moy taire

Prince se ieusse eu la pepie
Pieca fusse ou est clotaire
Aux chãps de bout cõme vne espie
Estoit il lors temps de moy taire

Le rondeau que feist ledict Villon quant il fut iugie.

Je suis francois dont ce me poise
Ne de paris empres pontoise
Qui dune corde dune toise
Scaura mon col que mon cul poise

Epitaffe dudict Villon.

Freres humains q̃ apres nous viues
Naies les cueurs cõtre nous ẽdurcis
Car se pitie de nous poures aues
Dieu en aura plus tost de vo⁹ mercis
Vous nous voies cy ataches cinq six
Quãt de la chair q̃ trop auõs nourrie
Elle est pieca deuouree et pourrie
Et no⁹ les os deuenõs cẽdre ⁊ pouldre
De nostre mal personne ne sen rie
Mais pries dieu q̃ to⁹ no⁹ veille absoul(dre

Se freres vo⁹ clamõs pas ne debues
Auoir desdaing quoy q̃ fumes occis
Par iustice; toutesfois vous scaues
Que to⁹ hõmes nõt pas bõ sẽs rassis
Excuses nous puis q̃ sõmes transis
Enuers le filz de la vierge marie
Que sa grace ne soit pour nous tarie

Nous preseruant de linfernalle fouldre
Nous sommes mors ame ne nous harie
mes priez dieu que tous nous vueille absouldre

La pluye nous a buez et lauez
Et le souleil deseches et noirciz
Puis corbeaulx nous ont les yeulx cauez
Et arrache la barbe et les sourciz
Jamais nul temps nous ne sommes assis
Puis ca puis la comme le vent varie
A son plaisir sans cesser nous charie
Plus becquettes doiseaulx que dez acouldre
Homme icy na point de mocquerie
mais priez dieu que tous nous veille absouldre

Prince iesus qui sur tous seigneurie
Gardes quenfer nait de nous la maistrie
A luy naions que faire ne que souldre
Ne soiez donc de nostre confrairie
mais priez dieu que tous nous veille absouldre

Le debat du cueur et
du corps du dit Villon

Qui est ce que ioy. ce suis ie. qui. ton cueur
Qui ne tient mais qua vng petit fillet
Force na plus: substance ne liqueur

Quant ie te voy retrait ainsi seulet
Cõme pouure chien tappy en recullet.
Pourquoy est ce/pour ta folle plaisãce/
Que ten chault il:ien ay la desplaisãce/
Laisse men paix:pourquoy:gy pẽseray
Quãt sera ce:quant seray hors denfãce/
Plus ne ten dy:et ie men passeray

Que pense tu:estre homme de valeur/
Tu as trente ans:cest laage dun mulet
Et en enfance,nennil:cest dont folleur
Qui te saisist:par ou:par le collet
Rien ne cognois:si fais mouches en lait
Lũ est blãc lautre est noir:cest la differẽce
Est ce dõc tout:q̃ veulx tu q̃ ie tence
Se nest asses ie ne recommẽceray
Tu es perdu:ie y mettray resistence
Plus ne ten di:et ie men passeray

Dou vient ce mal:il viẽt de mõ malheur
Quant saturne me fist mon fardelet
Ces mos il meist:ie le croy:cest folleur
Son seigneur es:et te tiens son varlet
Voy tu que salomon escript en sõ roulet
Homme saige ce dit il a puissance
Sur les planetes et sur leur influence

Je nen croy rien tel que mon fait feray
Que dis tu:dea certes est ma creance
Plus ne ten di : et ie men passeray

Veulx tu viure:dieu men doint la puis
sance
Il te fault/quoy:remors de conscience
Lire sans fin.en quoy:en science
Laisse les folz/ie y aduiseray
Or les retien:ien ay bien souuenance
Nattens pas tāt q̄ tourne a desplaisāce/
Plus ne ten di : et ie men passeray

La requeste q̄ bailla le dit villon
a messeigneurs de parlement.

To⁹ mes cīq sēs yeux oreilles ꝛ bouche
Le nez et vous le sentif aussi
To⁹ mes mēbres ou il ya reprouche
En son endroit chascune die ainsi
Souueraine court par qui sommes icy
Vous nous auez garde de desconfire
Or la langue ne peust assez souffire
A vous rendre souffisantes louenges
Si prie pour vo⁹ mere du souuerain sire
Mere des bōs ꝛ seur des benoistz āgelz

Cueur fendez vous ou pces dune broche
Et ne soies au mains plus endurcy
Que vng desert fut la forte bise roche
Dont le peuple des iuifz fut adoulcy
Fondes lermes et venes a mercy
Home hūble cueur q̄ tendremēt souspire
Louez la court cōioincte au sait empire
Leur des frācois: le cōfort des estrāges
Preciee lassus ou ciel empire
Mere des bōs ⁊ seur des benoistz āgelz

Et vo⁹ mes dēs chascune si sesloche
Sailles auant rendez toutes mercy
Plus haultemēt q̄ orgue trōpe ou cloche
Et de mascher nayes ores soussy
Consideres que ie feusse transy
Foye pōmon et rate qui respire
Et vous mō corps ou vil estre percy
que ourz ne pourceau q̄ fait sō nic es fā
Loues la court auāt ql vo⁹ ēpire (ges
Mere des bōs ⁊ seur des benoistz āgelz

Pnce trois iours ne vueilles mescōdire
pour moy pouruoir aux miēs q̄ dieu dire
Sās eulx argēt nay cy ne aux changes
Court triūphāt biē faisāt sans mesdire
Mere des bōs ⁊ seur des benoistz āgelz

c lbj

La requeste q̃ ledict Villon bailla a mõseigneur de bourbon

Le mien seigneur et prince redoubte
Fleuron de lys royalle geniture
Frãcoys Villon q̃ trauail a doubte
A corps ortz par force de basture
Vo⁹ supplie en ceste hũble escripture
Que lui facies q̃lque gracieux prest
Si ne doubtes q̃ bien ne vous cõtente
Sans y auoir dõmaige ne interest
Vous ny perdres seullemẽt q̃ latente

A prince na vng denier emprunte
Fors a vo⁹ seul vostre hũble creature
De six escus que luy auez preste
Cella pieca il meist en nourriture
tout se payera ensẽble cest droicture
Mais ce sera legierement et prest
Car si du glan rencontre la forest
Detour patay ẽ chastagnes ou vente
Payes seres sans delay ny arrest
Vous ny perdres seullemẽt q̃ latente

Si ie peusse vendre de ma sante
A vng lombart vsurier par nature

g.i

Faulte dargent ma si fort enchante
Que ien perdroie ce cuide laduenture
Argent ne pent a gippon na sainture
Beau sire dieu ie mesbahis que cest
Que deuāt moy croist ne se cōparoist
Si nō de boys ou de pierre q̄ ne mente
Mais si vne fois la voie il apparoist
Vous ny perdres seullemēt q̄ latente

Prince du lys qui a tout biē cōplaist
Que cuides vous cōe il me desplaist
Quāt ie ne puis venir en mō entente
Biē entendes aides moy sil vo⁹ plaist
Vous ny perdres seullemēt q̄ latente

Alles lettres faictes vng sault
Combien que naies pied ne langue
Remonstres a vostre harengue
Que faulte dargent si massault

Aultre ballade

Tant grate chieure que mal gist
Tant va le pot a leaue quil brise
Tant chauffe on le fer quil rougist
Tant le maillon quil se debrise
Tant vault lhōme cōme on le prise
Tant sesloigne quil nen souuient

Tant mauluais est quon le desprise
Tant crie on le noel quil vient

Tant raille on que plus on ne rit
Tant despent on quon na chemise
tant est on franc que tout se frit
Tant fault tien que chose promise
tant ayme on dieu quon suist leglise
Tant donne on quē pruntes conuiēt
tant tourne vent quil chiet en bise
Tant crie on le noel quil vient

Tant ayme on chiē quon le nourrist
tant court chaison q̄lle est aprinse
Tant garde on fruict quil se pourrist
tant bat on place quelle est prinse
Tāt tarde on quō fault a entreprise
tant se haste on que mal aduient
Tant embrasse on que chiet la prinse
Tant crie on le noel quil vient

Prince tant vit le fol quil saduise
Tant va il quapres il reuient
Tant le mathe on quil se raduise
Tant crie on le noel quil vient

Aultre ballade

Je congnois bien mouches en laict
Je congnois a la robbe lhomme
Je congnois le beau temps du lait
Je congnois au põmier la pomme
Je congnois larbre a veoir la gomme
Je congnois quãt tout est de mesmes
Je congnois qui besongne ou chõme
Je cognois tout fors q̃ moymesmes

Je congnois pourpoint au collet
Je congnois le moyne a la grome
Je congnois le maistre au varlet
Je congnois au voille la nonne
Je congnois quant pipeur iargonne
Je congnois folz nourris de cresmes
Je congnois le vin a la tonne
Je congnois tout fors q̃ moymesmes

Je congnois cheual et mullet
Je congnois leur charge et leur sõme
Je congnois bietris et bellet
Je congnois gect qui nõbre et somme
Je congnois vision et somme
Je congnois la faulte des boesmes
Je congnois filz varlet et homme
Je congnois tout fors q̃ moymesmes

Prince ie congnois tout en somme
Je congnois couloures et blesmes
Je congnois mort qui tout cõsomme
Je congnois tout fors q̃ moymesmes

Le iargon et iobelin
dudict Villon

Aparouart la grant mathegaudie
Ou accolles sont duppez et noircis
Et p̲ les angelz suiuãs la paillardie
Sont greffis et prins cinq ou six
La sont blesfleurs au plus hault
bout assis
Pour le euage ꝛ biẽ hault mis au vẽt
Eschecqs moy tost ces coffres massis
Car vendẽgeurs des ances circũciz
Sen brou et du tout a neant
Eschec eschec pour le fardis

Broues moy sur gours passans
Aduises moy bien tost le blanc
Et pictonnes au large sur les chãps
Quau mariaige ne soies sur le banc
Plus q̃ vng sac nest de plastre blanc
Si gruppes estes des carieux
Rebignes moy tost ces entreueux
Et leur monstres des trois le bris

Quen claues ne soies deux et deux
Eschec eschec pour le fardis

Plantes aux hurmes voz picons
De paour des bisans si tres durs
Et aussy destre sur les ioncs
En mahes en coffres en gros murs
Escharices ne soies point durs
Que le grāt can ne vous face essorez
Songears ne soies pour dorez
Et babignes tousiours aux ys
Des sires pour les desbouses
Eschec eschec pour le fardis

Prince froart dis arques petis
Lung des sires si ne soit endormis
Leuez au bec que ne soies greffiz
Et que vous emps en aient du pis
Eschec eschec pour le fardis

Ballade

Coquillars eneruans a ruel
Men ys vous chante que gardes
Que ny laisses et corps et pel
Quon fist de collin lescailler
Deuant la roe babiller
Il babigna pour son salut

Pas ne scauoit oingnons peller
Dont lãboureux lui rompt le suc

Changes andosses souuẽt
Et tires tout droit au temple
Et eschicques tous en brouant
Quen la iarte ne soies emple
Montigny y fut par exemple
Bien atache au halle grup
Et y iargonnast;il le tremple
Dont lãboureux lui rompt le suc.

Gailleurs faitz en piperie
Pour ruer les ninars au loing
Alassault tost sans suerie
Que les mignons ne soient au gaig
Farcis dung plumbis a coing
Qui griffe au gard le duc
Et de la dure si tres loing
Dont lãboureux lui rompt le suc

Prince erriere du ruel
Et neussies vous denier ne pluc
Que au giffle ne laissies lappel
Pour lãboureux qui rompt le suc
Aultre ballade

Spelicans
Qui en tous temps
Auances dedens le pogois
Gourde piarde
Et sur la tarde
Desbourses les poures nyais
Et pour soustenir voz pois
Les duppes sont priues de caire
Sans faire haire
Ne hault braire
Mes plantes ilz sont comme ionces
Par le sires qui sont si longz

Souuent aux arques
A leurs marques
Se laissent tous desbouses
Pour ruer
Et enteruer
Pour leur contre que lore faisons
La fee les arques vous respons
Et rue deux coups ou trois
Aux gallois
Deux ou trois
Nineront trestout au frontz
Par les sires qui sont si longz

Et pource benardz
Coquillars
Rebecques vous de la montioye
Qui desuoye
Vostre proye
Et vous fera du tout brouer
Par ioncher
Et enteruer
Qui est aux pigons bien cher
Pour riffler
Et placquer
Les angelz de mal tous rons
Pour les sires qui sont si longs

De paour des hurmes
Et des grumes
Rasurez vous en droguerie
Et faierie
Et ne soies plus sur les ionces
Pour les sires qui sont si longs

Aultre ballade

Saupicqz fronãs des gours arques
Pour desbouses beau sire dieux
Alles ailleurs planter voz marques
Benards vous estes rouges gueux
Berart sen va chez les ioncheurs

Et babigne quil a plongis
Mes freres soyes embraieux
Et gardes les coffres massis

Si gruppes estes desgruppes
De ses angelz si graueliffes
Incontinent manteaulx et chappes
Pour lemboue feres eclipses
De voz farges seres besiffes
Tout de bout non pas assis
Pource gardes destre griffes
En ces gros coffres massis

Niaiz qui seront atrappes
Bien tost sen brouent aux halles
Plus ny vault que tost ne happes
La baudrouse de quattre talles
Des tiers fait la hirenalle
Quant le gosier est assegis
Et si hurcque la pirenaille
Au saillir des coffres massis

Prince des gayeulx les sarpes
Que voz contres ne soient greffis
Pour doubte de frouer aux arquez
Gardes vous des coffres massis

Aultre ballade

Joncheurs ionchans en ioncherie
Rebignes bien ou ioncheres
Quostac nembroue vostre arriere
Ou accolles sont voz ainsnes
Poussez de la quille et broues
Car trop series roupieux
Eschic quacolles ne soies
Pour la poe du marieux.

Bendes vous contre la faerie
Quant vous auront desbouses
Nestant a iuc la rifflerie
Des angelz et leurs assoses
Berard si vous puist renuerses
Si greffir laisses vous carrieux
La dure bien tost renuerses
Pour la poe du marieux

Enterues a la floterie
Chanter leur trois sans point sõger
Quen astes ne soies en surie
Blanchir voz cuirs et essurges
Bignes la mathe sans targer
Que voz ans ne soient ruppieux
Plãtes ailleurs cõtresieges assieger.

Pour la poe du marieux

Prince benards en esterie
Querez couplaus pour rēboureux
Et au tour de voz ys luezie
Pour la poe du marieux

Aultre ballade

Contres de la gaudisserie
Enteruez tousiours blanc pour bis
Et frappes en la hurterie
Sur les beaulx sires bas assis
Ruez des fueilles cinq ou six
Et vous gardes bien de la roe
Qui au sires plante du gris
Et leur faisant faire la moe

La giffle gardes de rurie
Que voz corps nen aient du pis
Et que point a la turterie
En la hurme ne soies assis
Prens du blanc laisse du bis
Ruez par les fondes la poe
Car le bizac auoir aduis
Fait au beroars faire la moe

Plantes de la mouargie

Puis ca puis la pour lurtis
Et nespargne point la flogie
Des doux dieux sue les patis
Voz ens soient asses hardis
Pour leur auancer la droe
Mais soient memoradis
Quon ne vous face faire la moe

Prince qui na bauderie
Pour escheuer de la soe
Danger de grup en arderie
Fait aux sires faire la moe

La fin du grant testament:du codicille:du iargon/et des ballades.

Sensuit le petit testament
maistre francoys Villon:

Lan mil quattre cens cinquante six
Je francoys Villon escollier
Considerant de sens rassis
Le frain aux dens franc au collier
Quon doibt ses oeuures employer
Comme Vegece le racompte
Saige rommain grant conseiller
Ou aultrement il se mesconte

En ce temps que iay dit deuant
Sur le noel morte saison
Que les loups viuent de vent
Et quon se tient en sa maison
Pour les frimas pres du tison
Me vint voulente de briser
La tres amoureuse prison
Qui faisoit mon cueur debriser

Je le feis en telle facon
Voyant celle deuant mes yeulx
Consentant a ma deffaçon
Sans ce que ia luy en fust mieulx
Dont ie dueil et plaings aux cieulx
En requerant delle vengeance
A tous les dieux venerieux
Et grief damours allegeance

Item a celle qua iay dict
Qui si durement me chasse
Que ie suis de ioye interdict
Et de tout plaisir dechasse
Je laisse mon cueur enchasse
Palle/piteux/mort/et transsy
Elle ma ce mal pourchasse
Mais dieu luy en face mercy

Item a maistre pthiee marchant
Auquel ie me sens tres tenu
Laisse mon blanc dacier trenchant
Et a maistre iehan le cornu
Qui est en gaige detenu
Pour vng escot six solz montant
Je vueil selon le contenu
Quon leur liure en le rachetant

Item ie laisse a sainct amant
Le cheual blanc auec la mulle
Et a blaru mon dyamant
Et lasne raye qui reculle
Et le decret qui articulle
Omnis vtriusqz sexus
Contre la carmeliste bulle
Laisse aux curez pour mettre sus

Item a iehan trouue bouchier
Laisse le mouton franc et tendre
Et vng tacon pour esmoucher
Le boeuf couronne quil veult vendre
La vache quon pourra prendre
Le villain qui la trousse au col
Si ne la rend quon le puist pendre
Ou estrangler dung bon licol

Item a maistre robert valee
Poure clergon en parlement
Qui ne tend mont ne vallee
Iordonne principallement
Quon luy baille legierement
Mes braies estans aux trumelieres
Pour greffer plus honnestement
Samye iehanne de millieres

Pource quil est de lieu honneste
Fault quil soit mieulx recompense
Car le sainct esperit ladmonneste
Obstant quil est insense
Pource ie me suis pourpense
Puis quil na riens ne q̃ vne aumoire
De recouurer ceulx maupense
Quon lui baille lart de memoire

Item ie assigne la vie
Du dessusdict maistre robert
Mes parens ny ayent enuie
Pour dieu quon vẽde mon haubert
Et que largent ou la plus part
Soit emploie dedens ces pasques
Pour acheter a ce poupart
Vne fenestre apres sainct iacques

Item ie laisse au pardon
Mes gandz et ma hucque de soye
A mon amy iacques cardon
Le glan aussy dune saulsoye
Et tous les iours vne grasse oye
Ou vng chappon de haulte gresse
Dix muys de vin blanc cõme croye
Et deux proces que trop nengresse

Item ie laisse a ce ieusne hõme
Regnier de montigny trois chiens
Et a iehan raguier la somme
De cent frãs prins sur to⁹ mes biens
Mais quoy ie ny comprens en riens
Ce que ie pourray acquerir
On ne doibt trop prendre des siens
Ne ses amys trop surquerir

Item au seigneur de grigny
Laisse la garde de migon
Et six chiens plus que a montigny
Vicestre chastel et dongon
Et a ce malotru changon
Montonnier qui le tient en proces
Laisse trois coups dung esturgon
Et crucher paix et aise ceps

Item a maistre iacques raguier
Laisse labruuoir popin
Perches poussins au blanc menger
Tousiours le chois dung bon lopin
Le trou de la pomme de pin
Clos et couuert au feu la plante
Emmaillote dung iacopin
Et q̄ vouldra planter si plante

Item a maistre iehan mautaint
Et a pierre le basannier
Le gre de celluy qui attend
Troubles forfaitz sans espargner
Et a mon procureur fournier
Bonnetz cours chausses semellees
Taillez cheuz mon cordoennier
Pour porter durant ces gellees

Item au cheualier du guet
Le heaulme luy establis
Et aux pietons qui vont daguet
Tastōnant par ces establis
Je laisse deux beaulx rubis
La lanterne a la pierre au laict
Pourueu que iauray les trois litz
Silz me mainent en chastellet

Item au lou et a chollet
Pour a la fois laisse vng canart
Prins sur les murs côme on souloit
Enuers les fosses sur le tard
Et a chascun vng grant tabard
De cordelier iusques aux piedz
Busche charbon et pois et lart
Et mes houseaulx sans auant piedz

Item ie laisse en pitie
A troys petis enfans tous nudz
Nommes en ce present traictie
Poures orphelins impourueuz
Et desnuez comme le ver
Iordonne quilz soient pourueuz
Au moins pour passer cest yuer

Premierement colin laurens
Girard gossoyn/iehan marceau
Desprins de biens et de parens
Qui nont vaillant lance dung seau
Chascun de mes biens vng faisseau
Ou quattre blans silz aymêt mieulx
Ilz mengeront maint bon morceau
Les enfans quant ie seray vieulx

Item ma nomination
Que iay de luniuersite
Laisse par resignation
Pour forcloire dauersite
Poures clercs de ceste cite
Soubz cest intendit contenus
Charite my a incite
Et nature: les voians nudz

Cest maistre guillaume cotin
Et maistre thibault de vitry
Deux poures clercs parlant latin
Paysibles enfans sans estry
Humbles bien chantans au lectry
Je leur laisse sans recepuoir
Sur la maison guillot gueuldry
En attendant de mieulx auoir

Item je adioints a la crosse
Celle de la rue sainct anthoine
Ung billiart de quoy on crosse
Et tous les iours plain pot de saine
Aux pigons qui sont par essoine
Enserres soubz trappe volliere
Mon miroir bel et ydoine
Et la grace de la geolliere

Item ie laisse aux hospitaulx
Mes chassis tissus dirangnie
Et aux gisās sur ces estaux
Chascun sur loeil vne grongnee
Trembler a chiere reffregnee
Maigres velus et morfondus
Chausses courtes robbe rongnee
Gelles murdris et enfondus

Item ie laisse a mon barbier
La rongneure de mes cheueulx
Plainement et sans destourbier
Au sauetier mes souliers vieulx
Et au freppier mes habitz tieulx
Que quant du tout ie les delaisse
Pour moins quilz ne cousterēt neufz
Charitablement ie leur laisse

Item ie laisse aux mendiens
Aux filles dieu et aux beguines
Sauoureaulx morceaulx et frians
Chappons pigons grasses gelines
Et puis prescher les quinze signes
Et abatre pain a deux mains
Carmes cheuauchent noz voisines
Mais cella nest que du mains

Item laisse le mortier dor
A iehan lespicier de la garde
Et vne potence de sainct mor
Pour faire vng broier a moustarde
Et a cellui qui fist lauangarde
Pour faire sur moy grans exploys
De par moy sainct anthoine larde
Je ne luy lerray aultre laiz

Item ie laisse a malle boeuf
Et a nicholas de louuiers
A chascun lescaille dung oeuf
Plaine de frans et descus vieulx
Quant au concierge de gouuieux
Pierre rousseuille iordonne
Pour leur donner a entre eulx
Escus telz que prince les donne

Finablement en escripuant
Ce soir seullet estant en bonne
Dictant ces laiz et descripuant
Jouys la cloche de sarbonne
Qui tousiours a neuf heures sonne
Le salut que lange predit
Si suspendiz et mis en somme
Pour prier comme le cueur dit

Fait au temps de ladicte date
Par le bon renomme Villon
Qui ne mengue figue ne date
Sec et noir comme escouuillon
Il na tente ne pauillon
Quil nait laisse a ses amys
Et na mais quung pou de billon
Qui sera tantost a fin mis.

Cy finist le grant testament maistre francoys Villon Son codicille/ et ses balladеs: le iargon. Et le petit testament. Imprime a Paris:

www.ingramcontent.com/pod-product-compliance
Lightning Source LLC
LaVergne TN
LVHW050539100826
845148LV00002B/616

* 9 7 8 2 0 1 2 6 8 7 0 0 4 *